A SA MAJESTÉ

L'EMPEREUR DES FRANÇAIS

PROJET

DU

THÉATRE ANGLO-FRANÇAIS

ANNEXÉ AU PALAIS DU COMMERCE

1856

EXPOSÉ

Quoiqu'il existe à Paris un grand nombre de salles de spectacle, il n'en est aucune qui soit construite depuis peu de temps, et dans laquelle l'architecte ait songé à apporter les améliorations de toutes natures qu'exigent les progrès incessants du luxe et du bien-être public. La disposition de ces salles, leur peu d'étendue, eu égard à l'importance des frais que les recettes sont appelées à couvrir, leur distribution mal réglée, la difficulté de la circulation à l'intérieur, l'insuffisance de l'espace alloué à chaque place, leur position vicieuse, relativement à l'optique et à l'acoustique théâtrales, sont autant de causes qui tendent à éloigner le spectateur, et à le priver d'un délassement si propre à élever l'intelligence et à former l'esprit. On doit considérer encore que les prix d'entrée sont fort élevés, excepté pour les places de dernier rang, où il est à peu près impossible de rien voir et de rien entendre, et que le théâtre devient ainsi pour la plupart des gens aisés qui le fréquentent, la source de sacrifices fort onéreux. Quant aux ouvriers, aux petits commerçants, aux personnes vivant du travail de leurs mains, qui composent la partie la plus nombreuse et la plus intéressante de la population parisienne, ils sont forcés, par des raisons faciles à concevoir, de s'abstenir presque entièrement d'une dépense qui représente pour eux le prix d'une journée de travail, et qui deviendrait une prodigalité véritable, s'ils voulaient faire participer leur famille à ce divertissement. En effet, la location de trois ou quatre places à un théâtre d'ordre s'élève à un chiffre capable de donner à réfléchir même aux rentiers et aux employés les mieux rétribués. Il résulte de cela que le peuple s'entasse dans de petites salles étroites, enfumées, malsaines, mais où il entre à bon marché, et où on lui offre, en échange de peu d'argent, des pantomimes ridicules, de la musique détestable et des pièces insignifiantes, quand elles ne sont pas immorales, malgré le salutaire correctif de la censure.

D'autre part, la prime que les différentes administrations théâtrales ont l'usage de percevoir en sus du tarif, pour les places prises d'avance au bureau, écarte un certain nombre de gens économes, et diminue celui des spectateurs qui viendraient par occasion, sans dessein prémédité, s'ils étaient sûrs de pouvoir se placer convenablement : ce qu'on pourrait appeler, en un mot, la clientèle flottante des théâtres. Pour éviter la surtaxe de la location, il faut actuellement se résigner à faire *queue*, c'est-à-dire à stationner des heures entières en plein air, par le soleil, le froid ou la pluie, entre deux barrières, et en s'exposant en spectacle aux passants. Nous n'avons pas à insister sur les inconvénients de la *queue*, au point de vue de la viabilité publique, de la santé et même de la morale, car les *queues* peuvent souvent n'être pas composées uniquement de gens bien élevés, et, à certains théâtres, une femme seule n'oserait guère s'y aventurer sans crainte.

La construction d'une salle nouvelle, assez vaste pour contenir un grand nombre de spectateurs, distribuée avec une bonne entente des exigences de l'optique et de l'acoustique théâtrales, offrant des places suffisamment spacieuses et confortablement établies, décorée avec goût et avec ce luxe qui est un besoin de l'époque, chauffée l'hiver, ventilée l'été, en employant les procédés en usage pour le chauffage et la ventilation des établissements publics, nous paraît donc être un fait désirable, eu égard aux diverses considérations que nous venons d'énumérer. A ces conditions, il convient d'en ajouter d'autres qui ne sont pas moins indispensables dans l'état actuel des choses. Ainsi, ce nouveau théâtre devra être accessible aux plus petites fortunes : le prix des places sera fixé à deux francs, un franc et cinquante centimes. De plus, pour éviter tout encombrement et pour supprimer la *queue*, le tarif des billets en location sera le même que celui des billets pris au bureau. Cette réduction considérable des prix d'entrée ne portera aucun préjudice au confort devenu aujourd'hui si nécessaire : la salle entière sera, sans distinction de places, divisée en stalles de 50 centimètres de largeur, toutes également élastiques, rembourrées, et garnies avec le même luxe : la seule différence, qui règlera celle des prix, consistera dans leur situation relativement à la scène. Le Cirque de l'Impératrice nous a donné déjà un exemple de cette combinaison, et son succès est le garant de celui qui nous est réservé. Quant au répertoire, il devra se tenir à la hauteur des meilleurs théâtres ; et c'est un point qui sera examiné tout-à-l'heure.

On ne saurait énumérer ici les diverses améliorations qui devront être apportées dans l'édification et l'agencement de ce nouveau théâtre. Indépendamment de celles qui s'adressent plus directement au public et que nous venons d'indiquer, signalons sommairement les suivantes : suppression des baignoires, qui seront remplacées par un *dress-circle* (amphithéâtre) en gradins, afin d'augmenter la sonorité de la salle et l'espace disponible ; répétition de cette distribution pour les étages supérieurs et suppression des loges, excepté celles d'avant-scènes. Éclairage disposé sur les bascules d'amphithéâtre, pour augmenter la somme de clarté donnée par le lustre : emploi de la lumière électrique pour les effets scéniques ; configuration de la salle en fer à cheval, afin de laisser à toutes les places une vue libre sur la scène ; usage du fer dans la charpente, afin d'offrir plus de légèreté, de solidité et de garantie contre les ravages du feu, et de permettre la disposition du plus grand nombre de places possible, sans gêner la circulation intérieure ; appropriation nouvelle de la scène, pourvue de dix-sept plans et assez profonde pour produire les plus beaux effets de perspective ; aménagement d'un foyer pour les répétitions ; de deux autres foyers, dont l'un servant de fumoir, pour le public, etc., etc. Le plan et les détails qui l'accompagnent donneront, de ces perfectionnements, une idée plus complète que toutes les explications que nous essaierions d'offrir aux lecteurs.

La situation topographique d'un théâtre est d'une condition *sine qua non* de son succès. Or, dans notre projet, le théâtre nouveau serait élevé sur le boulevart de Sébastopol, à la hauteur de la rue de Rambuteau, au cœur de Paris, à portée des boulevarts, de l'Hôtel-de-Ville, des Tuileries et de la Cité. Il ferait partie intégrante d'un vaste monument, le PALAIS DU COMMERCE, dont les plans seront soumis à S. M. l'Empereur, et qui doit servir de centre à toute la population industrielle et laborieuse de ces riches quartiers si peuplés, véritable fourmillière de producteurs et de travailleurs. La Société fondatrice du PALAIS DU COMMERCE accorde au théâtre un emplacement de 44 mètres de largeur, en façade sur le boulevart de Sébastopol, sur 80 mètres de profondeur, ce qui permet de donner à la salle une contenance d'au moins 5,200 spectateurs, plus du double du plus grand théâtre existant aujourd'hui à Paris, avec une scène et des dépendances proportionnées à cette vaste étendue.

Comme conditions financières, la Société s'engage à subvenir aux frais de construction, d'agencement et de décoration du nouveau théâtre ; elle verse au Trésor public le cautionnement exigé par S. Exc. M. le Ministre d'Etat, et met à la disposition du Directeur un fonds de roulement de 100,000 francs. De plus, elle consent avec lui un bail de trente ans, moyennant un loyer annuel de 100,000 fr., plus un intérêt de 5 p. 100 l'an, des sommes déboursées par la Compagnie pour le théâtre, en outre, des deux millions de francs que représente la location annuelle. Ces charges, jointes à celles qui sont détaillées dans le devis estimatif, calculé avec la précision la plus rigoureuse, constituent un total de un million cent quatre-vingt-treize mille six cent soixante-quatre francs, et les recettes, établies sur des données modérées et restreintes à dessein, donnent un million trois cent dix-huit mille trois cent vingt-deux francs, ce qui revient à un bénéfice annuel net de 124,678 fr.

Le privilége de cette nouvelle exploitation théâtrale, que nous sollicitons de S. Exc. M. le Ministre d'Etat, comprend le drame, la comédie et le vaudeville, auxquels seront joints les genres anglais de pantomime et de féerie chorégraphique. La variété d'un pareil répertoire nécessite quelques éclaircissements.

Chacun des théâtres actuels exploite un genre défini qui constitue sa spécialité ; mais, comme nous l'avons dit plus haut, les œuvres véritablement littéraires, c'est-à-dire capables d'élever l'intelligence et d'exercer une action moralisatrice sur les esprits, ne sont que très-exceptionnellement accessibles à la masse de la population. Le haut prix des places, qui résulte des frais considérables de mise en scène et des appointements élevés des artistes chargés de l'interprétation de ces œuvres, écarte fatalement les gens peu aisés et les rejette dans les théâtres inférieurs, où l'on ne joue pas, où l'on ne peut pas jouer des pièces d'une telle valeur. Il suffit de voir le chiffre que nous avons attribué aux émoluments de nos acteurs, et à nos autres dépenses scéniques, pour se convaincre que la considération des déboursés nécessaires n'aura nulle influence à notre égard.

Les appointements de la troupe anglaise s'élèveront à cent vingt-huit mille francs (128,000 fr.). Ceux de la troupe française se montent à cent vingt et un mille cinq cents francs (121,500 fr.), auxquels il faut joindre, pour la figuration, trente mille francs, et soixante mille francs pour l'orchestre, ce qui donne un total de trois cent trente-neuf mille cinq cents francs (339,000 fr.).

De la sorte, nous serons à même de jouer les meilleures pièces aussi bien montées, sous tous les rapports, qu'on peut le désirer. D'un autre côté, la rémunération brillante qui est réservée aux auteurs dramatiques, grâce au total probablement toujours élevé des recettes brutes sur lesquelles ils prélèveront un dixième de droits, nous assurera leur concours empressé et leurs préférences, et nous permettra de choisir parmi les plus dignes et les meilleurs. Nous aurons donc toute facilité à offrir, dans ces trois genres, drame, comédie et vaudeville, des ouvrages méritant l'approbation publique, et tout avantage de n'arrêter notre choix que sur ce qui nous paraîtra, après un examen mûr et impartial, capable de produire un effet salutaire sur le cœur ou sur l'esprit des spectateurs, en leur donnant ce qu'ils demandent, c'est-à-dire un délassement agréable et une instruction réelle. Pourquoi d'ailleurs insister sur ce point? Tout le monde aura le même intérêt : les auteurs à apporter de bonnes pièces, qui seront pour eux la source de bénéfices aussi considérables que bien mérités ; le public, à écouter, à voir représenter à bon marché, et commodément, un répertoire à la fois moral et amusant, et les personnes s'occupant de l'exploitation du théâtre, à mettre tous leurs efforts pour faire naître et pour consolider la prospérité de leur entreprise. Nous ne parlerons pas de l'impulsion féconde que cette création nouvelle doit donner à la littérature, en lui ouvrant des voix larges et aisées ; peut-être déterminera-t-elle un mouvement vaste et glorieux auquel le digne héritier du grand Empereur sera appelé à attacher son nom.

Diverses considérations nous ont décidés à joindre, dans notre projet, les genres anglais aux genres nationaux, et à appeler une compagnie d'artistes qui introduiront chez nous la pantomime, que nous connaissons si mal, et la féerie chorégraphique, dont il n'y a eu qu'un ou deux essais à l'Académie impériale de Musique. En premier lieu, il existe un théâtre français à Londres : est-ce que Paris, où la population anglaise augmente chaque jour, où l'on élève des monuments religieux pour les besoins du culte de nos alliés, pouvait se passer plus longtemps d'un théâtre anglais? Ensuite, cette seconde troupe offre l'avantage de varier nos spectacles et de supprimer, à peu près, les entr'actes, ce fléau de tous les théâtres. Puis elle nous révélera des artistes et un genre dramatique qui obtiennent le succès le plus grand et le plus mérité de l'autre côté de la Manche, et auquel nos amis et sincères alliés vont sans doute accorder leur suffrage et leurs bravos par anticipation. Notre hospitalité sera un témoignage nouveau de la sympathie cordiale qui nous lie avec eux. Enfin, la question de réussite de cette tentative ne nous semble pouvoir être l'objet d'aucun doute. La danse et la pantomime sont une langue universelle ; chacun la comprend, parce qu'elle parle aux yeux et que la confusion des idiomes ne s'étend pas jusqu'à l'organe de la vue. Un enthousiasme réel accueille les ballerines que nous envoie l'Espagne : fera-il défaut aux gracieuses filles de l'Angleterre, de l'île des cygnes et des beautés accomplies, comme disent les poëtes? La féerie, combinant le goût français avec l'originalité anglaise, la pantomime, si accentuée et si comique chez nos voisins, ne nous paraissent pas appelées à moins de succès. La réunion de ces deux troupes et de ces deux repertoires jumeaux, justifie le nom de *Théâtre-Anglo-Français* que nous nous proposons de donner à cette nouvelle salle. Il est bien entendu que la musique est comprise dans notre programme; et la place honorable qu'elle occupe dans le devis des dépenses peut en garantir la qualité.

Les démolitions gigantesques qu'exige l'ouverture de ce magnifique boulevart de Sébastopol, destiné à devenir la principale artère de Paris, et l'édification projetée du *Palais du Commerce*, constituent une occasion unique pour la fondation d'un théâtre dans les conditions que nous venons d'énumérer. Il n'est pas à croire que de bien longtemps, que jamais peut-être, puisse se présenter un concours de circonstances aussi favorables. D'ailleurs, le soin qui a présidé à l'étude des projets du *Palais du Commerce* et du théâtre, sa magnifique annexe, l'honorabilité des personnages qui patronnent cette double entreprise, la position sérieuse qu'occupent les capitalistes intéressés dans l'affaire, tout en établit victorieusement la solidité et le caractère positif. Aussi n'hésitons-nous pas à penser que le gouvernement prendra nos demandes, nos plans et nos projets en considération toute particulière, et qu'il ne leur refusera pas sa protection et son appui. Sous le règne d'un Souverain qui se préoccupe surtout du bien-être, de la moralisation et de la prospérité de la nation qui l'a appelé à sa tête, le projet du *Palais du Commerce* et du *Théâtre-Anglo-Français* ne peut rencontrer que des sympathies et qu'un concours puissant et éclairé, qui amènera sa prompte réalisation.

Alph. RUIN de Fyé.

Paris. — Imp. d'Aubusson et Kugelmann, 13, rue Grange-Batelière.

THÉATRE ANGLO-FRANÇAIS

L'Empereur Napoléon Ier, alors Premier Consul, bien convaincu que le théâtre était un des éléments principaux de l'instruction, de la civilisation et de la morale des peuples ;

Dans sa lettre au général Kléber, par laquelle il conférait à ce général le commandement en chef de l'armée d'Égypte, lui disait :

« J'ai déjà demandé plusieurs fois une troupe de comédiens ; je prendrai un soin
» tout particulier de vous en envoyer. Cet article est très-important pour l'armée, et
» surtout pour commencer à changer les mœurs du pays. »

Histoire de Napoléon.

EXPOSÉ
DU
THÉATRE ANGLO-FRANÇAIS
ANNEXÉ A LA DEMANDE DE PRIVILÉGE

Que nous avons eu l'honneur d'adresser à S. E. M. le Ministre d'État

LE 19 MARS 1857

MONSIEUR LE MINISTRE,

Quoiqu'il existe à Paris un grand nombre de salles de spectacle, il n'en est aucune qui soit construite depuis peu de temps, et dans laquelle l'architecte ait songé à apporter les améliorations de toute nature qu'exigent les progrès incessants du *luxe*, du *bon marché*, du *confortable* et du *bien-être public*.

La disposition des salles, leur peu *d'étendue* eu égard à l'importance des frais que les recettes sont appelées à couvrir, leur distribution mal réglée, la difficulté de la *circulation à l'intérieur*, l'insuffisance de l'espace alloué à chaque place, leur position vicieuse relativement à l'optique et à l'acoustique théâtrales, sont autant de causes qui tendent à éloigner le spectateur et à le priver d'un délassement si propre à élever l'intelligence et à former l'esprit. On doit considérer encore que les prix d'entrée sont fort élevés, excepté pour les places de dernier rang, où il est à peu près impossible de rien voir et de rien entendre, et que le théâtre devient ainsi, pour la plupart des gens aisés qui le fréquentent, la source de sacrifices fort onéreux.

Quant aux ouvriers, aux petits commerçants, aux personnes vivant du travail de leurs mains, qui composent la partie la plus nombreuse et la plus intéressante de la population parisienne, ils sont forcés, par des raisons faciles à concevoir, de s'abstenir presque entièrement d'une dépense qui représente, pour eux, le prix d'une journée de travail, et qui deviendrait une prodigalité véritable s'ils voulaient faire participer leur famille à ce divertissement. En effet, la location de trois ou quatre places à un théâtre d'ordre s'élève à un chiffre capable de donner à réfléchir même aux rentiers et aux employés les mieux rétribués. Il résulte de cela que le peuple s'entasse dans de petites salles étroites, enfumées, malsaines, mais où il entre à bon marché, et où on lui offre, en échange de peu d'argent, des pantomimes ridicules, de la musique détestable et des pièces insignifiantes, quand elles ne sont pas immorales, malgré le salutaire correctif de la censure.

D'autre part, la prime que les différentes administrations théâtrales ont l'usage de percevoir en sus du tarif, pour les places prises d'avance au bureau, écarte un grand nombre de gens économes, et diminue celui des spectateurs qui viendraient par occasion, sans dessein prémédité, s'ils étaient sûrs de pouvoir se placer convenablement : ce qu'on pourrait appeler, en un mot, la clientèle flottante des théâtres.

Pour éviter la surtaxe de la location, il faut actuellement se résigner à faire *queue*, c'est-à-dire à stationner des heures entières en plein air, par le *soleil*, le *froid* ou la *pluie*, entre deux barrières, et en s'exposant en spectacle aux passants.

Nous n'avons pas à insister sur les inconvénients de la *queue*, au point de vue des intérêts de viabilité publique, de la santé et même de la morale ; car les *queues* peuvent souvent n'être pas composées uniquement de gens bien élevés, et, à certains théâtres, une femme seule n'oserait guère s'y aventurer sans crainte.

Or donc, *suppression* de la *queue* et de la *surtaxe* en *location*, ce qui permettra aux spectateurs d'arrêter, à toute heure du jour, leurs places à l'avance, sans augmentation de prix.

L'appropriation d'une salle nouvelle assez vaste pour contenir un grand nombre de spectateurs. Distribuée avec une bonne entente des exigences de l'optique et de l'acoustique théâtrales, offrant des places suffisamment spacieuses et confortablement établies, décorée avec goût et avec ce luxe qui est un besoin de l'époque; chauffée l'hiver, ventilée l'été, en employant les procédés en usage pour le chauffage et la ventilation des établissements publics, nous paraît donc être un fait désirable, eu égard aux diverses considérations que nous venons d'énumérer. A ces conditions il convient d'en ajouter d'autres qui ne sont pas moins indispensables dans l'état actuel des choses ; ainsi ce nouveau théâtre devra être accessible aux plus petites fortunes : le prix des places aura seulement trois *prix uniformes* : 2 *fr.* 50 *c.*, 1 *fr.* 50 *c. et* 50 *c.*

De plus, pour éviter tout encombrement et pour *supprimer la queue, le tarif des billets en location sera le même que celui des billets pris au bureau.* Cette réduction considérable des prix d'entrée ne portera aucun préjudice au confort, devenu aujourd'hui si nécessaire.

La salle entière sera *sans distinction de places, divisées en fauteuils de cinquante centimètres de largeur, tous également élastiques, rembourrés, numérotés et garnis avec le même luxe* : La seule différence, qui réglera celle des prix, consistera dans leur situation relativement à la scène.

Quant au répertoire, il devra se tenir à la hauteur des meilleurs théâtres ; et c'est un point qui sera examiné tout à l'heure.

On ne saurait énumérer ici les diverses améliorations qui devront être apportées dans l'édification et l'agencement de ce nouveau théâtre. Indépendamment de celles qui s'adressent plus directement au public et que nous venons d'indiquer, signalons sommairement *les suivantes* :

Suppression des baignoires, qui seront remplacées par de superbes *dress-circles*, richement décorés, plus coquets et beaucoup plus commodes que les loges, laissant à l'envi voir à l'œil jaloux et curieux, de chaque place et sans dérangement, ce magnifique panorama qu'offrira l'intérieur de cette salle. Amphithéâtres en gradins superposés, afin d'augmenter la sonorité de la salle et l'espace disponible; répétition de cette distribution pour les étages *supérieurs* ; suppression des loges, excepté celles d'avant-scène.

Éclairage disposé sur les bascules d'amphithéâtre pour augmenter la somme de clarté donnée par le lustre.

Emploi de la lumière électrique dans les effets scéniques, et pour rendre fidèlement la nature dans les effets du *soleil*, de la *lune*, des *étoiles*, des *éclairs* et des *nuages*.

La science hydraulique nous apportera, sur la *scène, les eaux naturelles*, qui nous permettront de rendre l'imitation parfaite des mouvements et agitations de la mer, les cascades des Pyrénées et des Alpes, les jets d'eau de nos castels, et enfin toutes les perspectives *nautiques*.

Configuration de la salle en fer à cheval, afin de laisser à toutes les places une vue libre sur la scène; usage du fer dans la charpente, afin d'offrir plus de légèreté, de solidité et de garantie contre les ravages du feu, et de permettre la disposition du plus grand nombre de places possible sans gêner la circulation intérieure; couloirs de service larges et spacieux pour faciliter les abords de la salle et servir de promenoirs entre la salle et les foyers.

Aménagement et agencement de la salle de manière à permettre son évacuation en cas de sinistre.

Appropriation nouvelle de la scène, pourvue de dix-sept plans et assez profonde pour produire les plus beaux effets de perspective.

Aménagement d'un foyer pour les répétitions, d'un autre riche et spacieux foyer pour le public, etc., etc.

La situation topographique d'un théâtre est d'une condition *sine qua non* de son succès. Or, dans notre projet, le nouveau théâtre serait situé sur le boulevard, au centre de la population industrielle et laborieuse de ces riches quartiers de Paris, véritable fourmilière de producteurs et de travailleurs; cet emplacement, de 24 mètres de largeur, en façade sur le boulevard, sur 67 mètres de profondeur, nous permet de donner à la salle une contenance d'au moins 3,000 spectateurs, le double des théâtres existants aujourd'hui à Paris, avec une scène et des dépendances proportionnées à cette vaste étendue.

Comme conditions financières, la Société s'engage à subvenir aux frais d'appropriation, d'agencement, d'aménagement et de décoration du nouveau théâtre; elle verse au Trésor public le cautionnement exigé par S. E. M. le Ministre d'État, et met à la disposition du directeur titulaire du privilége un fonds de roulement de 120,000 fr.

La durée de la Société est de dix années, durée du privilége lui-même, pendant laquelle le directeur servira :

1° 5 % d'intérêt du capital ;

2° 10 % d'amortissement ;

3° 50 % des bénéfices sortant de l'exploitation théâtrale et des douze bals qui seront donnés chaque année ; de plus, à la fin de la dixième année, 65 % de l'actif, qui se compose ainsi qu'il suit :

1° Du cautionnement	30,000 fr.
2° De l'année de loyer payée à l'avance......	150,000
3° Du fonds de roulement....................	120,000
4° Du fonds d'amortissement...............	*Mémoire*
5° Du matériel, décors, costumes, accessoires et aménagement de la salle et de la scène.	*Mémoire*

Ces charges, jointes à celles qui sont détaillées dans le devis estimatif (ci-après annexé), calculé avec la précision la plus rigoureuse, constituent un total de 998,000 fr., y compris les droits d'auteurs et des pauvres, 20 %.

Les recettes, établies sur des données modérées et restreintes à dessein, donnent un total de 1,305,600 fr., ce qui revient à un bénéfice annuel net de 307,230 fr.; de plus, le produit des douze bals, qui s'élèvera au moins à 100,000 fr., et que nous ne portons pas en ligne de compte.

Le privilége de cette nouvelle entreprise théâtrale, que nous avons eu l'honneur d'obtenir officieusement, et qui sera officiel aussitôt que nous aurons justifié de nos moyens d'exécution à S. E. M. le Ministre d'État, comprend, comme genre national, le drame, la comédie et le vaudeville militaires. Ce genre, traité par des auteurs habiles, est appelé à frapper vivement les masses du public en lui mettant sous les yeux le tableau vivant et animé des faits d'armes et des exploits guerriers les plus glorieux pour la nation, et comme instruction réelle, peut lui produire sur le cœur et sur l'esprit un effet salutaire.

En effet, ne perdons pas de vue : le théâtre, est, dès son origine, le temple de l'instruction, de la civilisation et de la morale des peuples, de même qu'il est, par son origine encore, le premier monument que convoite la curiosité de l'étranger, dès son arrivée dans la capitale; malheureusement, l'attente du voyageur est bien trompée; c'est en vain qu'il cherche dans Paris, cette grande ville du monde artiste, des théâtres monumentaux.

La grande féerie fera également partie du répertoire national.

Comme genre anglais :

Les pantomimes et les féeries chorégraphiques.

La variété d'un pareil répertoire nécessite quelques éclaircissements :

Chacun des théâtres actuels exploite un genre défini qui constitue sa spécialité ; mais, comme nous l'avons dit plus haut, les œuvres véritablement littéraires, c'est-à-dire capables d'élever l'intelligence et d'exercer une action moralisatrice sur les esprits, ne sont que très-exceptionnellement accessibles à la masse de la population. Le haut prix des places, qui résulte des frais considérables de mise en scène et des appointements des artistes chargés de l'interprétation de ces œuvres, écarte fatalement les gens peu aisés et les rejette dans les théâtres inférieurs, où l'on ne joue pas, où l'on ne peut pas jouer des pièces d'une telle valeur.

Il suffit de voir le chiffre que nous avons attribué aux émoluments de nos acteurs et à nos autres dépenses scéniques pour se convaincre que la considération des déboursés nécessaires n'aura nulle influence à notre égard.

Les appointements de la troupe anglaise s'élèveront à 116,000 fr., ceux de la troupe française se montent à 110,000 fr., auxquels il faut joindre pour la figuration 25,000 fr. et 50,000 fr. pour l'orchestre, ce qui donne un total de 301,000fr.

De la sorte, nous serons à même de jouer les meilleures pièces, aussi bien montées sous tous les rapports qu'on peut le désirer ; d'un autre côté, la rémunération brillante qui est réservée aux auteurs dramatiques, grâce au total probablement toujours élevé des recettes brutes sur lesquelles ils prélèveront un dixième de droits, nous assurera leur concours empressé et leurs préférences, et nous permettra de choisir parmi les plus dignes et les meilleurs. Nous aurons donc toute facilité à offrir dans ces trois genres, drame, comédie et vaudeville, des ouvrages méritant l'approbation publique, et tout avantage de n'arrêter notre choix que sur ce qui nous paraîtra, après un examen mûr et impartial, capable de produire un effet salutaire sur le cœur ou sur l'esprit des spectateurs, en leur donnant ce qu'ils demandent, c'est-à-dire un délassement agréable et une instruction réelle. Pourquoi, d'ailleurs, insister sur ce point ? Tout le monde aura le même intérêt, les auteurs à apporter de bonnes pièces qui seront pour eux la source de bénéfices aussi considérables que bien mérités ; le public à écouter, à voir représenter à bon marché et commodément un répertoire à la fois moral et amusant, et les personnes s'occupant de l'exploitation du Théâtre à mettre tous leurs efforts pour faire naître et pour consolider la prospérité de leur entreprise.

Nous ne parlerons pas de l'impulsion féconde que cette création nouvelle doit donner à la littérature en lui ouvrant des voies larges et aisées ; peut-être déterminera-t-elle un mouvement vaste et glorieux auquel le digne héritier du grand empereur sera appelé à attacher son nom.

Diverses considérations nous ont décidé à joindre, dans notre projet, les genres anglais aux genres nationaux, et à appeler une compagnie d'artistes qui introduirait chez nous la Pantomime, que nous connaissons si mal, et la Féerie chorégraphique, dont il n'y a eu que très-peu d'essais à l'Académie impériale de musique et qui ont parfaitement réussi.

En premier lieu, il existe un théâtre français à Londres ; est-ce que Paris, où la population anglaise augmente chaque jour, où l'on élève des monuments religieux pour les besoins du culte de nos alliés, pouvait se passer plus longtemps d'un théâtre anglais ? Ensuite, cette seconde troupe offre l'avantage de varier nos spectacles et de *supprimer les entr'actes*, ce fléau de tout les théâtres; puis elle nous révèlera des artistes et un genre dramatique qui obtiennent le succès le plus grand et le plus mérité de l'autre côté de la Manche, et auquel nos amis et sincères alliés vont sans doute accorder leur suffrage et leurs bravos par anticipation ; notre hospitalité sera un témoignage nouveau de la sympathie cordiale qui nous lie avec eux. Enfin, la question de réussite de cette tentative ne nous semble pouvoir être l'objet d'aucun doute. La danse et la pantomime sont une langue universelle ; chacun la comprend, parce qu'elle parle aux yeux et que la confusion des idiomes ne s'étend pas jusqu'à l'organe de la vue.

Un enthousiasme réel accueille les Ballerines que nous envoie l'Espagne; fera-t-il défaut aux gracieuses filles de l'Angleterre, de l'île des Cygnes et des beautés accomplies, comme disent les poëtes?

La féerie chorégraphique, avec ses groupes de danseurs et de danseuses, de sylphes et de fées, de lutins et de sylphides, apparaissant sur la scène et faisant croire au spectateur qu'il est transporté dans un pays enchanté, en développant, à l'œil ravi, les tableaux vivants et animés que les mythologies seules nous offrent; combinant le goût français avec l'originalité anglaise, ce mélange de dialogues, de chants, de pantomimes, si accentués et si comiques chez nos voisins, ne nous paraissent pas appelés à moins de succès.

La réunion de ces deux troupes et de ces deux répertoires jumeaux justifie le nom de Théâtre Anglo-Français que nous donnons à cette nouvelle salle.

Il est bien entendu que la musique est comprise dans notre programme, et la place honorable qu'elle occupe dans le devis des dépenses peut en garantir la qualité.

Le magnifique emplacement que doit occuper cette nouvelle salle de spectacle, le caractère sérieux, les dix-sept années d'études spéciales théâtrales qu'apporte l'auteur du projet à l'édification de ce nouveau théâtre, l'honorabilité et la position sérieuse qu'occupent les capitalistes intéressés dans l'affaire, tout en établit victorieusement la solidité et le caractère positif. Aussi, nous n'hésitons pas à penser, monsieur le Ministre, qu'après avoir pris connaissance de cet exposé, Votre Excellence veuille prendre notre demande en sérieuse considération, et daigne nous accorder le privilége de ce théâtre dans les limites indiquées sur la demande ci-contre annexée.

Dans l'espoir d'une réponse favorable, nous avons l'honneur de prier Votre Excellence de vouloir bien agréer l'hommage de notre considération la plus respectueuse.

Alphonse RUIN, DE FYÉ.

Le Capital est de 1,200,000 fr., divisé en 240 parts de 5,000 fr. chacune. Un quart sera versé à la clôture de la souscription. Deux autres quarts de deux mois en deux mois après le premier.

Le quatrième et dernier quart sera conservé à titre de réserve et ne sera demandé qu'en cas de besoin et d'après une *délibération du Conseil de surveillance*.

APPORT A LA SOCIÉTÉ.

M. Alphonse Ruin de Fyé apporte à la Société :

1° Le privilége ;
2° L'emplacement ;
3° L'idée ;
4° Les études, plans et documents ;
5° Sa direction, son aptitude, dix-sept années d'études spéciales théâtrales.

L'emploi du capital sera fait au fur et à mesure comme suit :

1° Le cautionnement qu'il faut mettre à la disposition de S. E. M. le Ministre d'État pour l'obtention officielle du privilége..................	30,000 fr.	» c.
2° Une année de loyer payée à l'avance...................	150,000	»
3° Appropriation du local en salle de spectacle...............	150,000	»

Nous ferons remarquer :

    1° Que les appareils des eaux existent, ainsi que ceux du gaz ;

    2° Que bon nombre de matériaux existants pourront avantageusement reservir.

4° Agencement de la scène, décors, machinerie, appareils hydrauliques, accessoires, etc., etc...........................	200,000	»
5° Aménagement de la salle et des foyers, peintures, décorations, ornementations, tapisseries, lustres, attributs, etc., etc.........	250,000	»
6° Fonds de roulement...............................	120,000	»
7° Réserve..	300,000	»
Total égal...................	1,200,000	»

Nota. — Les 120,000 fr. de fonds de roulement de première mise mentionnée sur le mémoire, recevront la destination de premier aménagement comme suit :

1° Étoffes pour costumes, petit et grand vestiaires, chaussures, chapellerie, ganterie, perruques, brosserie, armes, accessoires et ustensiles de service de la scène.

2° Voitures, tapissières et chevaux.

3° Frais de voyage pour l'engagement des deux troupes.

4° Un mois d'avance aux artistes engagés à l'étranger.

5° Location d'un local provisoire pour les répétitions préparatoires.

Cher Monsieur,

Après avoir examiné l'emplacement de votre théâtre projeté, m'être rendu compte de ce qui existe, de ce qu'il y aurait à faire, j'ai réfléchi sur le montant des sommes que vous allouez à la construction de votre salle; je pense que ces sommes seraient suffisantes pour l'édification du théâtre.

Les chiffres sont donc ceux-ci :

1° Pour l'appropriation du local en salle de spectacle (grosse construction)...	150,000 fr.	» c.
2° Aménagement de la salle et du foyer.....................		
Façade-décorations....................................	250,000	»
Appareils d'éclairage..................................		
Tapisseries...		
3° Aménagement de la scène.............................	200,000	»
Total.............	600,000	»

Je vous ferai remarquer que pour avoir des chiffres certains il faudrait faire des études parfaitement arrêtées; que ces études demanderaient autant de temps qu'il en faudrait pour la construction même (devant suivre la construction); que dès lors ces prix ne pouvant être qu'approximatifs, jusqu'à l'exécution par l'étude des détails, ils pourraient varier en plus comme en moins.

Cependant, je vous le répète, eu égard à ce qu'il existe, aux fouilles faites, aux caves et à la valeur des matériaux dont on pourrait se servir ou tirer un parti quelconque, les chiffres ci-dessus me paraissent être ce qu'il faut compter.

Votre tout dévoué,

Signé :

Alfred ALDROPHE,
Architecte expert près les tribunaux.

DÉTAIL

DES DÉPENSES GÉNÉRALES ANNUELLES

Nous ferons remarquer que nous ne portons en compte que 110,000 fr. de loyer pour le théâtre, sur 150,000 fr. de location du local, parce que nous déduisons les sous-locations suivantes, que nous estimons au moins à 40,000 fr. par an ;
Savoir :

1° Aménagement d'un café restaurant.	20,000 fr.	» c.
2° Aménagement d'un magasin de confiseur.	10,000	»
3° Le deuxième sous-sol, dont nous n'avons pas besoin, et qui peut être loué pour entrepôt.	10,000	»
Ce qui fait au total.	40,000	»

Or donc, loyer du théâtre.	110,000	»
Impositions immobilières.	10,000	»
Impositions du matériel	4,000	»
Patente.	2,000	»
Assurance de l'immeuble.	10,000	»
Entretien des bâtiments, maçonnerie, charpente et vitrerie, etc.	6,000	»
Abonnement aux eaux.	500	»
Abonnement aux balayages.	600	»
Entretien du corps-de-garde des pompiers.	100	»
Entretien de la salle, accessoires, peintures, tapisserie, papiers dans les loges d'artistes et autres, brosserie, chaussures, chapellerie, armes, ganterie, rouge, perruques, blanchissage, etc., etc. . . .	25,000	»
Étoffes pour costumes, petit et grand vestiaires.	50,000	»
Accessoires de service de la scène et ustensiles.	10,000	»
Décors.	50,000	»
A reporter. . . .	278,200 fr.	

ADMINISTRATION

	Directeur.		*Mémoire*
	Report. . .		278,200 fr.

Directeur de la scène.	6,000	
Régisseur général.	4,000	
Sous-régisseur	2,400	
Secrétaire.	3,000	
Inspecteur général	2,400	
Trois inspecteurs de la salle, placeurs.	6,000	
Caissier	2,400	
Chef du matériel.	2,400	
Trois buralistes pour les billets.	2,700	
Un buraliste pour la location.	1,800	
Un commis	1,500	
Souffleur.	1,200	
Deux garçons de théâtre	1,800	95,600 fr.
Concierge.	1,000	
Contrôleur chef.	2,400	
Deux sous-contrôleurs.	1,800	
Maître costumier.	1,800	
Trois tailleurs habilleurs.	4,500	
Maîtresse costumière.	2,400	
Trois habilleuses.	2,700	
Chef machiniste.	6,000	
Trois brigadiers et équipage.	24,000	
Maître coiffeur	1,800	
Trois coiffeurs.	3,600	
Palefrenier, conducteur.	2,400	
Entretien des voitures, tapissières, nourriture des chevaux.	3,600	
A reporter. . .		373,800 fr.

TROUPE DRAMATIQUE FRANÇAISE

HOMMES.

Report	373,800 fr.

Deux grands premiers rôles. . . . . . .
Trois grands deuxièmes rôles. . . . . . .
Trois grands troisièmes rôles, deuxièmes au besoin.
Un père noble, grime . . . .
Un père noble non grime. . . . .
Un comique premier rôle. . . . .
Un comique grime. . . . .
Deux comiques non grimes, troisièmes. . . .
Un jeune premier chantant. . . . .
Un jeune deuxième rôle. . . . .
Un premier amoureux chantant . . . . . .
Deux premiers deuxièmes rôles chantant. . . .
Quatre accessoires utilités. . . . .
Un répétiteur, etc., etc. . . . .

} 110,000 fr.

FEMMES.

Deux grands premiers rôles. . . . .
Trois troisièmes rôles, faire les deuxièmes au besoin.
Deux jeunes premières chantantes. . . . . .
Deux ingénues chantantes. . . . .
Deux soubrettes, premier et deuxième rôles. . .
Deux duègnes, premier et deuxième rôles. . . .
Quatre utilités. . . . .

A reporter . . .	483,800 fr.

TROUPE ANGLAISE, CORPS DE BALLET, CHORÉGRAPHIE.

QUATRE PARTIES COMPLÈTES.

Report.	483,800 fr.
Deux premières mimes.	
Deux premières non mimes.	
Quatre premières, pas de caractère.	
Huit deuxièmes, dont quatre pour hommes. . .	
Vingt danseuses, corps de ballet.	116,000
Vingt-quatre coryphées.	
Un maître de ballet.	
Un deuxième maître de ballet.	
Un répétiteur.	
Choristes, figuration, comparses.	25,000
Chef d'orchestre, répétiteur, orchestre, cinquante musiciens . . .	50,000
Copie de musique.	4,000
Entretien des instruments	500

FRAIS D'ADMINISTRATION.

IMPRESSIONS.

Lettres, engagements, billets de la location, imprimés pour bordereaux, affiches, carton pour billets et contre-marques	12,000
Gaz.	35,000
Huile pour les lampes	3,650
Pompiers.	3,700
Garde municipale.	3,600
Total général. . . .	737,250 fr.

RÉSUMÉ DES DÉPENSES ANNUELLES

Frais administratifs, artistiques, généraux et loyer. . . . . . 737,250 fr.
Report des droits des pauvres et d'auteurs, 20 p. 100. . . . . . 261,120 fr.

                Total général. . . . . 998,370 fr.

RÉSUMÉ DES RECETTES ANNUELLES

La contenance de la salle sera de 3,000 places divisées ainsi qu'il suit, non compris les loges d'avant-scène :

1,200 places à 2 fr. 50 c.	3,000 fr.
1,300 id. à 1 fr. 50 c..	1,950
500 id. à » 50 c.	250
60 id. d'avant-scène, moyenne, 4 fr. l'une.	240
La salle comble, par jour, sera de..	5,440 fr.
Ou pour 360 représentations par an, de.	1,958,400 fr.

Mais pour rester dans les limites les plus restreintes de la probabilité, prenons comme terme moyen les recettes à deux tiers de salle par jour, soit : 3,626 fr., ou pour 360 représentations, de 1,305,600 fr., sur lesquels il faut retrancher 20 p. 100 des droits des pauvres et d'autres, soit : 261,120 francs à reporter en ligne de compte au *Résumé des Dépenses annuelles*.

BALANCE

Recettes brutes.	1,305,600 fr.
Dépenses générales, y compris les droits d'auteurs et des pauvres, 20 p. 100..	998,370 fr.
Reste net en faveur de l'entreprise. . . , ...	307,230 fr.

Ces 307,230 francs de bénéfices nets seront répartis ainsi qu'il suit :
1° 5 p. 100 pour tenir lieu d'intérêt au capital ;
2° 10 p. 100 pour former le fonds d'amortissement ;
3° 50 p. 100 aux actions ;
4° 35 p. 100 au privilége.

Nous ferons remarquer que dans cette balance le produit des 12 bals n'est pas compris; il faut l'estimer au moins à 100,000 francs, qui seront également répartis proportionnellement comme les dividendes.

Si l'on veut bien remarquer, on trouvera, d'après ces chiffres de balance, que le capital produit plus de 25 p. 100 d'intérêt.

Ce n'est pas tout : les conditions avantageuses dans lesquelles nous nous créons, nous assurent incontestablement un brillant succès, et nous font espérer que nous devons hardiment compter double nos bénéfices.

De plus, restera l'actif, qu'il est bon de faire entrer en ligne de compte pour le cas de dissolution de la Société, et qui sera partagé en deux parts proportionnées, à

        65 p. 100 revenant aux actions ;
        35 p. 100 revenant au privilége.

L'actif se compose :

1° Du cautionnement.	30,000 fr.
2° De l'année de loyer payée à l'avance.	150,000
3° Du fonds de roulement..	120,000
4° Du fonds d'amortissement..	*Mémoire.*
5° Du matériel, décors, costumes, accessoires et aménagements de la salle et de la scène.	*Mémoire.*

ALPH. RUIN, DE FYÉ,
2, rue de la Bourse.

STATUTS SOCIAUX

Par devant M
et son collègue, Notaires à Paris, soussignés,
ont comparu
    M

d'une part,

Et tous ceux qui adhéreront aux présents, en prenant des actions,

d'autre part.

Lesquels ont exposé, fait et arrêté ce qui suit :
    M est sur le point d'obtenir de Son Excellence le Ministre d'État le privilége du Théâtre Anglo-Français, dont l'exposé est annexé aux présentes.
    Dans le but de donner à cette nouvelle institution l'extension nécessaire, et pour garantir de sa réussite, M s'est décidé à former une Société assez puissante pour réaliser le noble succès qui est réservé à son Théâtre, et il a établi les Statuts de cette Société de la manière suivante :

STATUTS SOCIAUX

TITRE PREMIER.

Constitution de la Société.—Objet.—Dénomination.—Raison sociale.—Durée.—Siége.

ARTICLE PREMIER.

Il est formé par les présentes, entre M et M ainsi que tous ceux qui adhéreront aux présents Statuts, une Société en nom collectif à l'égard de M directeur-gérant, seul responsable, et en commandite par actions à l'égard des autres adhérents.

Art. 2.

La Société a pour objet la création et l'exploitation du Théâtre Anglo-Français, dont le privilége sera accordé pour dix ans à M
par M. le Ministre d'État.

Art. 3.

La Société prend la dénomination de Compagnie Générale du Théâtre Anglo-Français.

Art. 4.

La raison et la signature sociale seront :

Art. 5.

La durée de la Société est de dix ans, à partir de la date officielle du privilége dont il est fait ci-après apport à la Société.

Art. 6.

Le siége social sera établi à Paris, dans le local qui sera ultérieurement désigné.

TITRE II.

Fonds social.—Actions.—Versements.

Art. 7.

Le fonds social est fixé à *un million deux cent mille francs*, dont la somme nécessaire sera distraite, d'après la résolution de la première Assemblée générale, pour dédommager le Gérant de son apport social. Le surplus est destiné à former le capital de roulement
Le fonds social pourra être augmenté par une décision de l'Assemblée générale.

Art. 8.

Le fonds social est divisé en deux cent quarante actions de cinq mille francs chacune. Les actions sont au porteur et payables, savoir : un quart après la clôture de la souscription, un autre quart deux mois   , le troisième quart quatre mois après cette clôture, et le dernier quart à une époque ultérieure fixée par le Conseil de surveillance.

Les actions sont extraites d'un registre à souche, numérotées de une à deux cent quarante et revêtues de la signature du Gérant et de celle d'un membre du Conseil de surveillance; elles portent le timbre sec de la Compagnie.

Art. 9.

Chaque action aura droit :

1° A un prélèvement de cinq pour cent sur les bénéfices pour tenir lieu d'intérêts ;
2° A un cinquantième pour cent comme dividende ;
3° A une part proportionnelle ou dix pour cent du bénéfice dont sera formé le fonds d'amortissement ;
4° Et cinquante pour cent dans le fonds social.

Art. 10.

Les droits et obligations attachés à l'action suivent le titre, dans quelques mains qu'il passe. La possession d'une action emporte de plein droit adhésion aux Statuts de la Société et aux décisions de l'Assemblée générale.

Art. 11.

Toute action est indivisible.
La Société ne reconnaît qu'un seul propriétaire par action.

Art. 12.

Les héritiers ou les créanciers d'un actionnaire ne peuvent, sous quelque prétexte que ce soit, provoquer l'apposition des scellés sur les biens ou valeurs de la Société ; en demander le partage ni la licitation, ni s'immiscer en aucune manière dans l'administration. Ils doivent, pour l'exercice de leurs droits, s'en rapporter aux inventaires sociaux et aux délibérations de l'Assemblée générale.

Art. 13.

Les Actionnaires ne sont engagés que jusqu'à concurrence de leurs actions.

Art. 14.

Dans le cas où le fonds social viendrait à être augmenté, les fondateurs et les porteurs d'actions primitives auront un droit de préférence à la souscription au pair des actions à émettre, dans la proportion d'un tiers pour le fondateur, et de deux tiers pour les Actionnaires.

Un règlement arrêté par l'Assemblée générale fixera les délais et les formes dans lesquels le bénéfice de la disposition qui précède pourra être réclamé.

TITRE III.

Apport à la Société.

Art. 15.

M.   apporte à la Société :
1° L'idée ;
2° Le privilége qu'il se charge d'obtenir ;
3° Tout son temps, ses soins, et dix-sept années d'études spéciales théâtrales ;
4° Un engagement provisoire et verbal avec M   pour la location d'un immeuble, situé à Paris, boulevard Bonne-Nouvelle ;
5° Tous les plans, études et documents ;
6° Ses aptitudes et sa direction.

Art. 16.

Au moyen du présent apport, M   a droit à un dédommagement dont il laisse la décision de la quotité à la sagesse de la première Assemblée générale, mais qui sera néanmoins établi dans l'article ci-après.

TITRE IV.

Administration et Gérance.

Art. 17.

La Société est administrée par un Directeur-Gérant, ayant la signature sociale, dont il ne peut disposer que pour les besoins de la Société.
Il est seul responsable.

Art. 18.

En sa qualité de Gérant, il est investi des pouvoirs les plus étendus pour gérer et administrer, acquérir, aliéner, faire tous baux et locations, tous traités, achats et ventes d'immeubles pour le compte de la Société, intenter toutes actions, y défendre, constituer tous mandataires, donner toutes main-levées avec ou sans payement, traiter, transiger, composer, compromettre, enfin, faire, sous sa responsabilité légale, tout ce qui sera nécessaire aux opérations de la Société, et aux suites et besoins desdites opérations sans aucune exception ni réserve. Il a seul le droit de nommer, de révoquer tous les agents de l'Administration et les artistes, et de fixer leurs appointements.

Art. 19.

Le Gérant consacrera tout son temps aux intérêts de la Société ; il pourra choisir son successeur en cas de retraite ou de démission.

Art. 20.

Le traitement du Directeur-Gérant est fixé à vingt-quatre mille francs par an, qui seront considérés comme charge sociale, payables mensuellement par douzièmes. Il a droit, en outre, à son logement personnel, au siége de la Société, et au remboursement de ses frais de voyage et de déplacement.

L'Assemblée générale fixera les frais de réception.

Art. 21.

Le Gérant ne pourra être révoqué que pour le cas de malversation, judiciairement constaté, et après décision du Ministère d'État.

Art. 22.

En cas de décès du Gérant, ses héritiers et ayants droit auront le droit de présenter un successeur.

Dans tous les cas, ses héritiers ou ayants droit ne pourront requérir aucune apposition de scellés ou inventaire au siége social, ou dans aucun des établissements appartenant à la Société ; les droits du Gérant seront réglés selon le dernier inventaire et seront établis conformément à la comptabilité de la Compagnie.

TITRE V.

Conseil de Surveillance.

Art. 23.

La Société sera pourvue d'un Conseil de surveillance, composé, au minimum, de cinq membres pris parmi les Actionnaires élus par l'Assemblée générale, et qui devront posséder chacun, en leur nom personnel, cinq actions libérées pendant la durée de leurs fonctions.

Les membres du Conseil de surveillance seront élus pour trois ans et renouvelés par tiers chaque année. Les membres sortant seront désignés par le sort pour la première fois, et ensuite par ordre d'ancienneté. Ils pourront être réélus.

Art. 24.

En cas de vacance, le Conseil pourvoit provisoirement au remplacement, l'Assemblée générale, lors de sa première réunion, procède à l'élection définitive ; le membre ainsi nommé en remplacement d'un autre, ne demeure en fonctions que pendant le temps qui resterait à courir de l'exercice de son prédécesseur.

Art. 25.

Chaque année, le Conseil nomme parmi ses membres un président, un vice-président. En cas d'absence du président et du vice-président, le Conseil est présidé par le plus ancien d'âge des membres présents.

Art. 26.

Le Conseil se réunit au siège social aussi souvent que l'intérêt de la Société l'exige, et au moins une fois par mois.

Le Gérant peut assister aux réunions, avec voix consultative.

Art. 27.

La présence de trois membres est nécessaire pour la composition régulière du Conseil. Les noms des membres présents seront constatés en tête du procès-verbal de la séance.

Art. 28.

Les délibérations seront prises à la majorité des membres présents; en cas de partage, la voix du président est prépondérante.

Art. 29.

Les délibérations seront constatées par des procès-verbaux inscrits sur un registre tenu au siège de la Société et signés par le président et le membre remplissant les fonctions de secrétaire.

Art. 30.

Le renouvellement de ce Conseil ne recommencera qu'après la troisième année sociale; il s'opérera d'après le mode indiqué par l'art. 23.

Art. 31.

Le Conseil de surveillance a pour mission de surveiller la gestion et l'administration des affaires de la Société.

Il prendra communication des comptes et inventaires annuels préparés par le Directeur-Gérant, et fera tous rapports utiles à l'Assemblée générale.

Art. 32.

Les membres du Conseil de surveillance ne contractent, à raison de leurs fonctions, aucune obligation personnelle, que celles prescrites par la loi sur les Sociétés. Ils ont droit individuellement à des jetons de présence dont la valeur sera fixée par la gérance et collectivement à cinq pour cent des dividendes annuels, qui sont considérés comme charge sociale.

Art. 33.

Jusqu'à la prochaine Assemblée générale, les fonctions du Conseil de surveillance seront remplies par M   commanditaire, signataire du présent acte.

TITRE VI.
Assemblée générale.

Art. 34.

L'Assemblée générale régulièrement constituée représente l'universalité des Actionnaires porteurs de quatre actions au plus.

Elle est valablement constituée et délibère régulièrement, quel que soit le nombre des membres présents et le capital qu'ils représentent.

Art. 35.

L'Assemblée générale se réunit de droit, chaque année, au siége de la Société, dans le courant du mois d'Avril.

Elle se réunit en outre extraordinairement toutes les fois que le Conseil de surveillance ou la gérance en reconnaît l'utilité.

La première réunion de l'Assemblée générale annuelle aura lieu en avril 185

Une première Assemblée générale extraordinaire aura lieu immédiatement après la clôture de la souscription, pour la nomination des membres du Conseil de surveillance.

Art. 36

Les convocations des Assemblées générales ordinaires ou extraordinaires seront faites par un avis inséré, dix jours au moins avant celui de l'Assemblé, dans les journaux du département de la Seine désignés pour les publications légales et qui font connaître l'ordre du jour.

Art. 37.

L'Assemblée est présidée par le président ou le vice-président du Conseil de surveillance, à leur défaut par celui des ses membres que le Conseil désigne.

Les deux plus forts Actionnaires présents, et à leur refus ceux qui les suivent dans l'ordre de la liste, jusqu'à acceptation, son appelés à remplir les fonctions de scrutateurs.

Le bureau nommera un secrétaire, choisi parmi les Actionnaires ou parmi les conseils de la Société et qui aura voix consultative.

Art. 38.

Les délibérations sont prises à la majorité des voix des membres présents.

Chacun d'eux a autant de voix qu'il possède de fois quatre actions, sans que personne puisse avoir plus de dix voix.

Les Actionnaires ayant droit d'assister aux Assemblées générales devront justifier de leurs titres au siége de la Société cinq jours au moins avant celui de la réunion; il sera remis à chacun d'eux une carte d'admission, et leurs titres, frappés d'un visa, leur seront immédiatement rendus.

La carte d'admission. qui est nominative et personnelle, indique le nombre des actions.

Art. 39.

L'ordre du jour est arrêté par la gérance ou le Conseil de surveillance, suivant que l'un ou l'autre a convoqué l'Assemblée.

Aucun autre objet que ceux portés à l'ordre du jour ne pourra être mis en délibération.

Art. 40.

L'Assemblée générale entend le rapport du Conseil de surveillance sur la situation des affaires sociales.

Elle discute, approuve ou rejette les comptes.

Elle nomme les membres du Conseil de surveillance toutes les fois qu'il y a lieu.

Elle délibère sur les propositions relatives à l'augmentation du fonds social, à la prorogation de la durée de la Société, aux modifications à faire aux statuts et à la dissolution anticipée, s'il y a lieu.

Elle pourra, sur la proposition de la gérance, décider qu'un prélèvement annuel sera fait sur les bénéfices pour former un fonds de réserve dont elle déterminera l'emploi; mais ce prélèvement ne pourra dépasser dix pour cent des bénéfices, frais généraux et intérêts du capital déduits.

Enfin, elle prononce souverainement sur tous les intérêts de la Compagnie et sur toutes les questions qui pourraient lui être soumises au jour de ses délibérations.

Art. 41.

Les délibérations prises conformément aux statuts obligent tous les Actionnaires, même absents ou dissidents.

Art. 42.

Elles sont constatées par des procès-verbaux inscrits sur un registre spécial et signés par le président, les scrutateurs et le secrétaire, ou par la majorité d'entre eux.

Une feuille de présence destinée à constater le nombre des membres assistant à l'assemblée et celui de leurs actions, demeure annexée à la minute du procès-verbal, elle est revêtue des mêmes signatures.

Art. 43.

L'approbation donnée par l'Assemblée générale au compte rendu des opérations vaudra, pour la gérance, ratification et décharge définitive.

Art. 44.

La justification à faire, vis-à-vis des tiers, des délibérations de l'Assemblée, résulte de copies ou extraits certifiés conformes et signés, soit par le Gérant, soit par le président, soit par des membres du Conseil de surveillance.

TITRE VII.

Inventaire et Comptes annuels.

Art. 45.

L'année sociale commence le premier janvier et finit le trente et un décembre.

Le premier exercice comprendra le temps écoulé entre ce jour et le trente et un décembre mil huit cent cinquante-huit.

A la fin de chaque année sociale, il est dressé un inventaire général de l'actif et du passif de la Société, afin d'établir la situation et les bénéfices réalisés.

TITRE VIII.

Partage des Bénéfices.

Art. 46.

Les bénéfices réalisés par la Société et résultant des comptes annuels, arrêtés par le Gérant, présentés au contrôle du Conseil de surveillance et approuvés par l'Assemblée générale, recevront la destination suivante :

1° Cinq pour cent pour tenir lieu d'intérêts aux Actionnaires ;

2° Dix pour cent au fonds d'amortissement ;

3° Trente-cinq pour cent à la gérance comme rémunération de son apport et de ses travaux et comme dividende applicable aux actions de Gérant ;

4° Cinquante pour cent aux Actionnaires.

TITRE IX.

Dissolution et Liquidation.

Art. 47.

En cas de perte de la moitié du capital social, la dissolution de la Société peut être prononcée, avant l'expiration du délai fixé pour sa durée, par une décision de l'Assemblée générale.

Art. 48.

A l'expiration de la Société, ou en cas de dissolution anticipée, la liquidation sera faite par les soins de la gérance, sous le contrôle du Conseil de surveillance en exercice et d'une commission de deux membres nommés à cet effet par l'Assemblée générale et choisis soit parmi les Actionnaires, soit en dehors d'eux.

TITRE X.

Dispositions générales.

Art. 49.

Toutes contestations qui pourraient s'élever pendant le cours de la Société, ou lors de sa liquidation, soit entre les Actionnaires, le Gérant et la Société, soit entre les Actionnaires eux-mêmes, à raison des affaires sociales, seront jugées par des arbitres, conformément à la loi.

Tous Actionnaires sont justiciables des tribunaux civils du département de la Seine, pour tous les faits, actes et procès relatifs à la Société, et doivent faire élection de domicile à Paris; à défaut de cette élection de domicile, elle aura lieu de plein droit en l'étude de M[e]

Tous ces actes et exploits sont valablement signifiés au domicile élu, sans observation de délais de distance.

Art. 50.

Le Directeur-Gérant est constitué mandataire de tous les Actionnaires et intéressés, à l'effet de suivre, s'il le juge utile, près du Gouvernement, la transformation de la présente Société en Société anonyme, et tous pouvoirs lui sont donnés, à cet effet, pour consentir les modifications, retranchements ou additions qui seraient exigés aux présents Statuts, les souscriptions des Actionnaires à la Société en commandite restant de droit maintenues à la Société anonyme.

Art. 51.

Pour faire publier le présent acte, tous pouvoirs sont donnés au porteur d'une expédition ou d'un extrait.

Paris. — Typographie Morris et Compagnie, rue Amelot, 64.

www.ingramcontent.com/pod-product-compliance
Lightning Source LLC
Chambersburg PA
CBHW060526050426
42451CB00009B/1181